Orikis

Sarau das Pretas

Débora Garcia, Elizandra Souza,
Jô Freitas e Taisson Ziggy

Orikis

Sarau das Pretas

malê

Direção: Francisco Jorge & Vagner Amaro

Orikis: Sarau das Pretas
ISBN: 978-85-92736-74-3
Fotos: Larissa Rocha
Organização: Débora Garcia e Elizandra Souza
Edição: Vagner Amaro
Capa: Dandarra Santana
Diagramação: Maristela Meneghetti

Texto revisado segundo o novo Acordo Ortográfico da Língua Portuguesa.

Dados internacionais de catalogação na publicação (CIP)
Vagner Amaro – Bibliotecário - CRB-7/5224

G216o Garcia, Débora
Orikis: Sarau das Pretas / Débora Garcia, Elizandra Souza, Jô Freitas, Taisson Ziggy. — 1. ed. — Rio de Janeiro : Malê, 2023.
134 p.
ISBN 978-85-92736-74-3

1. Poesia brasileira 2. Sarau das Pretas
I. Título.

CDD B869.1

Índice para catálogo sistemático: Literatura brasileira: poesia B869.1

Editora Malê
Rua Acre, 83, sala 202, Centro. Rio de Janeiro (RJ)
www.editoramale.com.br
contato@editoramale.com.br

Nossos passos vêm de longe...

Dedicamos essa obra a todas as mulheres negras que, ao longo da história, em diversos campos de atuação, ousaram romper o silêncio e reafirmaram a nossa existência. Com muita luta, sangue e suor escreveram uma narrativa de esperança e liberdade, à qual, damos continuidade, com esta publicação.

Em memória de Antônio Henrique Ribeiro

Jovem negro, vítima da violência.

Parte da nossa história.

Á você nosso eterno amor, amizade e gratidão!

Sumário

1. Prefácio:

Ô bate palma, começou Sarau das Pretas!
Ô dá licença, mulher preta vai falar!

Foi com muita alegria que me pus a ler o presente trabalho capitaneado pelas grandes artistas interdisciplinares Débora Garcia, Elizandra Souza, Jô Freitas e Taisson Ziggy, que escrevem, cantam e passam a palavra nas encruzilhadas, propondo reflexões sobre o feminino, a cultura e a ancestralidade.

A felicidade decorre também das gratas lembranças em acompanhar, enquanto estive Secretária Adjunta de Direitos Humanos na cidade de São Paulo, em 2016, alguns Saraus das Pretas em comunidades periféricas. Cada uma das autoras, mulheres negras, traz em si as palavras que marejam os olhos, arrepiam a pele e expandem o Ori, isto é, nossa divina consciência que se integra ao orixá.

Com o coração aquecido por essas memórias, saúdo cada uma delas que coloca o coração e mente na ponta dos dedos e da língua a escreverem grandes poesias, músicas a serem cantadas como verdadeiras magias voltadas à desafiadora reconstrução da auto-estima e consciência de um povo historicamente acossado pela violência colonial. Nada mais propício, portanto, que o título do livro ser *Orikis*, isto é a saudação ao Ori pelas palavras que, quando invocadas, trazem o poder de transformação do axé.

Nesse sentido, o livro traz cantigas de amor, de poder e cura que correm com a força das palavras que estilhaçam a máscara do silêncio, na expressão de Conceição Evaristo, quando se refere à máscara colocada a tapar a boca de Anastácia, mulher escravizada cuja boca anunciava a denúncia de acordos sociais injustos e escancarava a violenta opressão sobre a qual está erguida o sistema vigente.

Historicamente, os herdeiros do sistema colonial privaram a mulher negra daquilo que ela poderia se amparar. Privaram-na de sua família, com seus filhos vendidos a outras casas de engenho ou mortos e presos aos montes, privaram-na de estudo formal, de acesso a bem estar econômico, privaram-na de lazer, privaram-na de falar, ao manterem-na longe de jornais, editoras, emissoras de rádio e televisão. Colocaram-na com o destino do emprego doméstico ou da mulata exportação, negando-nos nossas multiplicidades. Ofuscaram o sucesso de mulheres pretas que não cabiam em seus outdoors, calaram a voz que não se encaixava naquilo que eles entendessem que cabia a uma mulher negra.

Nenhum avanço foi dado de mão beijada. Nossos passos vêm de longe, ensina Jurema Werneck. E é com a força ancestral dos movimentos de mulheres negras que pisaram no chão que hoje pisamos, trilharam os caminhos e sonharam para que pudéssemos viver hoje a publicação de um livro escrito por um coletivo de mulheres negras que voltam seu trabalho para a afirmação de uma geração incandescente como lava de vulcão, incentivando epifanias e alimentando outros sonhos. E sonhos não envelhecem, canta Milton Nascimento.

Essas mulheres sonham e com esse livro registram belas poesias, textos e cantigas que vêm sendo encantadas nas periferias e centros urbanos. E quando mulheres negras movidas pelo sentimento de transformação social sonham, um novo mundo nasce como a mais bela flor honrando todas as famílias ancestrais que lutaram para que as gerações contemporâneas tivessem voz e que com essa poderosa voz incutisse nos ouvidos, mentes e coração algo inestimável: a esperança.

Obrigada por sonharem.

Djamila Ribeiro - Mestra em Filosofia Política pela Universidade Federal de São Paulo e coordenadora da Coleção Feminismos Plurais e Selo Sueli Carneiro.

2. Apresentação

2.1 Orikis – Sarau das Pretas

A palavra Oriki é de origem yorubá, junção de duas palavras Ori (cabeça) e ki (louvar/saudar). Sendo que o Ori é o primeiro a ser saudado dentro do candomblé, é aquele que guia, acompanha e ajuda a pessoa desde antes do nascimento, durante toda vida e após a morte, referenciando sua caminhada e assistindo no cumprimento de seu destino.

Os orikis são palavras portadoras de força e asè que são invocadas, falando de feitos e virtudes, características e fraquezas, tendo assim um valor documental.

Ao pensarmos em um título para nosso livro, revisitamos o nosso encontro e compreendemos que o Sarau das Pretas já existia em cada uma de nós, em nossos oris que referenciou nossas trajetórias pessoais e artísticas, convergindo nossos destinos nesse encontro no Sarau das Pretas.

Nesse livro você poderá revisitar essa história e cada etapa dessa construção. Nossos passos vêm de longe.

2.2 Nossos passos vêm de longe

Nossos passos vêm de longe... Esse é o pilar central do Sarau das Pretas, que reconhece a importância dos processos históricos, os quais legitimam a sua existência.

Na atualidade, a palavra Sarau e a realização desse evento cultural tornou-se algo popular, mas nem sempre foi assim.

O Sarau surgiu em meados do século XIX na Europa. Tratava-se de um evento cultural no qual os mais renomados artistas da época se apresentavam para entreter os mecenas, ou seja, os burgueses que os financiavam. Além de um espaço de entretenimento, os saraus eram espaços sociais nos quais se discutiam os assuntos relevantes para aquela classe social.

Foi trazido para o Brasil pela corte portuguesa. Desse modo os saraus eram frequentados somente pela corte e era um reduto da cultura erudita, ao qual, a população mais simples, a plebe, acessava somente na condição de serviçal.

Essa segregação social consolidou-se e ampliou-se estruturalmente no Brasil durante o período colonial, no qual foi implantado o escravismo, sistema estruturado na exploração da mão de obra da população negra africana, e que se perpetuou por quase quatrocentos anos (1550-1888).

Em meio a um ambiente hostil, violento e de aculturação, os negros vindos da África eram impedidos de falar a sua língua, de professar a sua fé e de praticar suas festividades. Eram obrigados a adotar a língua, o nome, a religião e a cultura europeia em seu cotidiano.

No entanto, toda essa violência e o processo de aculturação não foram aceitos com passividade. Durante esse período diversos arranjos sociais aconteciam nas denominadas senzalas para organizar e manter a resistência dos negros escravizados, no qual a pesquisadora Regina Nogueira conceituou como *espaços potenciais de vida*, que seriam as práticas coletivas como a capoeira, o candomblé, as irmandades, posteriormente o jongo, o samba, os diversos espaços de arte e cultura negra no qual diz: *"são esses espaços que acreditamos que podem tornar visíveis o que a escravidão criminosamente retirou de nós como referências autorais: a solidariedade, o compromisso do cuidar, a circularidade e a horizontalidade como forma política organizacional, juntamente ao respeito aos mais velhos e à natureza como divindade para ser cuidada e alimentada."* [1]

Desse modo, a resistência negra pôs fim ao sistema escravagista, mas não às desigualdades sociais decorrentes dele. Desigualdades estas que se refletem até os dias atuais na ausência e/ou sucateamento das políticas públicas, principalmente nas periferias das grandes capitais, que são as grandes senzalas do sistema capitalista.

Nesses contextos históricos, a cultura continuou sendo um importante instrumento de resistência e reação às opressões sociais.

No final do século XX, na década 1980, o movimento cultural hip hop se organizou com toda a força na cidade de São Paulo. Dentro dessa cultura, destacaram-se os grupos de rap. Literalmente rap significa *ritmo e poesia*. Assim a poesia rimada ganhou força e, com a potência de grupos como *Racionais MC's*, se popularizou nas periferias do Brasil, não somente como uma expressão cultural, mas também como um canal de denúncia.

Como reflexo do movimento hip hop, a palavra rimada e a poesia seguiram potentes para o início do século XXI. No início dos

---

[1] Capulanas Cia de Arte Negra – Mulheres Liquido – Os encontros fluentes do sagrado com as memórias do corpo tempo. Artigo - Espaço potencial de vida, Regina Nogueira (Kota Mulanji), Edição do autor, 2015.

anos 2000 foram organizados o *Sarau do Binho* e *Sarau da Cooperifa*, os primeiros saraus da cidade de São Paulo.

Em um curto espaço de tempo os saraus foram incorporados pelos artistas periféricos como um espaço de expressão artística, articulação política e enfrentamento à violência. Atualmente a cidade de São Paulo acolhe mais de cem coletivos de saraus literários, os quais ainda são realizados em bares, praças, espaços comunitários, ou seja, qualquer lugar no qual as pessoas possam se reunir para a livre expressão artística e de pensamento.

Através da realização de saraus literários, mostras culturais, publicações de antologias e mais recentemente, a realização batalhas de poesia (slams) os coletivos passaram a desempenhar um importante papel político-social ao viabilizar a projeção de vozes marginalizadas e historicamente silenciadas. Atualmente os coletivos de saraus e slams formam uma importante frente de pressão ao poder público, tendo em vista a sua legitimação, bem como, a garantia de fomento às suas ações.

Compreendendo a interseccionalidade entre gênero e raça[2] como um elemento central no processo de exclusão social de mulheres negras no Brasil, mesmo nesses espaços dispostos a acolher tais questões, a exclusão e o silenciamento eram realidades.

As mulheres presentes nesses espaços não conseguiam exercer seu protagonismo, tão pouco, estruturar um ambiente que acolhesse suas questões.

Diante dessa lacuna, nos últimos anos, têm crescido o número de coletivos protagonizados por pessoas que não obtinham voz em outros espaços. Coletivos de saraus e slams organizados exclusiva-

---

[2] Davis, Ângela – Mulheres raça e Classe – Editora Boitempo, 2016 – 1° Edição.

mente por mulheres, mulheres negras, pessoas LGBT, pessoas deficientes, expressando a mobilização social desses segmentos através da literatura, tendo em vista a garantia de seus direitos e pautas.

É nesse contexto de fortalecer e incentivar o protagonismo de mulheres negras no âmbito dos saraus da cidade de São Paulo, que no ano de 2016, surge o Sarau das Pretas.

2.3 - Saraus das Pretas

Desde o ano 2006 com a promulgação da Lei Maria da Penha (Lei 11.340/06) as mulheres brasileiras iniciaram um importante e irreversível processo educativo sobre seus direitos. Pautas como violência doméstica, machismo, feminismo e diretos das mulheres, consideradas questões de menor importância e restritas ao ambiente doméstico, ganharam grande evidência social. Esse contexto se refletiu no crescente processo de empoderamento, conscientização e articulação de mulheres em diversas classes e espaços sociais.

Em 2011 o Brasil elegeu Dilma Roussef, a primeira mulher a comandar a nação após 26 anos de democracia. Sua eleição evidenciou o conservadorismo e a misoginia daqueles que não aceitavam uma mulher ser a maior autoridade do país. Seus mandatos foram marcados por ataques pautados no gênero.

Em 2015 Simone de Beauvoir foi tema da prova de Ciências Humanas do ENEM, com a célebre frase do seu revolucionário livro *O segundo Sexo*[3]: "Não se nasce mulher, torna-se mulher". Esse fato gerou polêmica, trouxe novamente o feminismo para a pauta nacional, principalmente entre as mulheres jovens, e popularizou esta e outras importantes obras que tratam sobre o tema.

No ano de 2016 foi lançada no Brasil a obra *Mulheres, raça e classe de Ângela Davis*[4]. Essa obra foi de fundamental importância para que as mulheres negras brasileiras pudessem compreender a interseccionalidade entre gênero, classe e raça, que alicerça o seu processo

---

[3] Publicado originalmente em 1949, "O Segundo Sexo" é obra pioneira dos estudos sobre as mulheres. Traduzido para mais de 30 idiomas e publicado em diversos países, este livro de Simone de Beauvoir se tornou referência para os movimentos feministas dos anos 1970.

[4] Ângela Yvonne Davis (1944-) é uma professora e filósofa socialista estadunidense que alcançou notoriedade mundial na década 1970 como integrante do Partido Panteras Negra. É ativista pelos direitos das mulheres negras e autora do livro Mulheres, raça e classe (2016).

de exclusão social. Nesse mesmo período, a filósofa Djamila Ribeiro, que assina o prefácio dessa obra, estava se consolidando como uma importante ativista e pensadora do feminismo negro, difundindo amplamente esse pensamento bem como suas principais referências.

E o que tudo isso tem a ver com o surgimento do Sarau das Pretas?

A resposta para essa pergunta é simples. Nossos passos vêm de longe, lembram?

Indicamos acima os mais recentes e relevantes fatos desse processo de mobilização social das mulheres brasileiras, processo este que é longo, complexo e histórico. Assim, foi possível evidenciar o silenciamento das mulheres, em especial negras, nos mais variados espaços sociais.

Foi esse contexto que fez com que Débora Garcia percebesse essa lacuna da representação e representatividade das mulheres negras nos saraus da cidade de São Paulo. Assim, ao receber um convite para produzir um sarau com mulheres em comemoração ao Dia Internacional da Mulher, viu nesse convite a oportunidade de trazer essas vozes para os saraus. O sarau seria formado exclusivamente por mulheres negras.

Além da representatividade negra, em sua curadoria, Débora Garcia quis garantir a diversidade de linguagem artística, trazendo a perspectiva da multiplicidade da mulher negra na arte.

Assim, a primeira edição do Sarau das Pretas ocorreu em 12 de março de 2016 com a formação composta por Elizandra Souza, Jô Freitas, Thata Alves, Luz Ribeiro e Débora Garcia. Essa primeira formação contou com a participação do ativista negro Cosme Nascimento na percussão.

Um público expressivo compareceu para a primeira edição

do Sarau das Pretas. Muitas mulheres negras, uma grande comoção e, ao final, a expectativa do público pela próxima edição. O grupo então pôde confirmar a existência dessa lacuna no cenário dos saraus periféricos da cidade de São Paulo, e sentiu-se legitimado para seguir a diante. Luz Ribeiro seguiu sua caminhada em outros coletivos. Tendo em vista a continuidade e a garantia de um sarau composto somente por mulheres negras, Taisson Ziggy assumiu a percussão a partir da segunda edição, trazendo para o coletivo a linguagem do jongo e demais danças e ritmos de matriz africana. Thata Alves fez parte do coletivo até dezembro de 2020.

A formação do Sarau das Pretas foi pensada com o objetivo de reunir mulheres que já tinham forte atuação em seus territórios, e também, na diversidade artística, já que o sarau trabalha com três linguagens: a literatura, a música e a cena, pensando na movimentação social desses corpos negros e femininos, que são corpos políticos.

Sarau das Pretas é realizado por Débora Garcia, Elizandra Souza, Jô Freitas e Taisson Ziggy artistas negras que ocupam diferentes territórios periféricos na cidade de São Paulo, de leste a sul, o que levou o coletivo a optar pela não definição de um território específico para sua atuação. O território que ocupam, é o território literário, artístico, em constante trânsito para acessar o maior número de pessoas. Não delimitar um território de atuação representa o anseio do coletivo, de que as mulheres negras, devem e podem ocupar todos os espaços sociais.

Com forte viés artístico, o Sarau das Pretas estabelece uma estrutura performática, realizando intervenções lítero-musicais com momentos de microfone aberto à participação do público. Embora tenha o recorte étnico e feminino, homens e pessoas não negras podem recitar, pois o coletivo compreende ser necessário garantir o lugar de fala, mas também, fortalecer a proximidade, a diversidade e o diálogo.

O objetivo principal do coletivo é pautar o protagonismo das mulheres negras na sociedade, abordando questões como feminino, feminismo, questões de gênero, literatura, cultura e ancestralidade negra.

Em sua breve, mas intensa trajetória, Sarau das Pretas rapidamente conquistou espaço na cena cultural paulistana, tendo realizado um número bastante expressivo de apresentações. Já realizou edições em espaços públicos de cultura, educação, saúde e assistência social, bem como em instituições privadas. Edições essas que aconteceram na capital, região metropolitana e interior do Estado de São Paulo, bem como em outros estados, dentro e fora das periferias, tendo em vista a criação, fortalecimento e ampliação dos espaços de fala e escuta das mulheres negras.

Além do número expressivo de apresentações, o Sarau das Pretas destaca-se pela versatilidade performática, sempre abordando temas variados.

No projeto independente *Nossos Passos vêm de longe,* homenagearam as escritoras negras *Conceição Evaristo, Noémia de Souza, Esmeralda Ribeiro e Carolina Maria de Jesus,* com o objetivo de exaltar mulheres negras precursoras na literatura.

Também se posicionaram a favor das religiões de matrizes africanas e contra a intolerância religiosa com o projeto *Quem é do asè é de paz.*

Por fim desenvolveram o projeto *CarnaPretas - Diversão sem preconceito,* no qual de forma alegre e divertida, desconstroem os preconceitos e estereótipos contidos nas tradicionais marchinhas, bem como, pautaram a questão do assédio sexual no carnaval.

Além da realização de saraus temáticos, o Sarau das Pretas realiza palestras e oficinas socioculturais baseadas nas linguagens e temas nos quais o coletivo estrutura o seu trabalho. As oficinas fazem parte do projeto *Narrativas Pretas* que é voltado à formação de escritores, leitores e público.

O anseio do coletivo em estruturar e ampliar sua atuação artística e social, encontrou respaldo nas políticas públicas. Ao ser contemplado pelo Programa para a Valorização de Iniciativas Culturais – VAI da Secretaria Municipal de Cultura da cidade de São Paulo, no ano de 2019, o coletivo conseguiu publicar **Narrativas Pretas**, sua primeira antologia. Esta reúne textos de 30 autoras autodeclaradas pretas e/ou LGBTQIA+, selecionadas no *Concurso Literário Narrativas Pretas*. Assim, a primeira publicação do Sarau das Pretas foi construída em um processo coletivo que visibilizou não somente as vozes das poetas do Sarau mas de mulheres historicamente silenciadas.

Com dois mil livros em mãos e a bagagem cheia de sonhos, o Sarau das Pretas ansiava por circular em espaços diversos a fim de semear a sua obra. Infelizmente esses sonhos foram tolhidos com o avanço da pandemia da COVID19. Assim os livros permaneceram onde estavam. O coletivo, assim como toda a sociedade, deparou-se com uma nova realidade e, palavras não muito usuais, passaram a fazer parte dia a dia. Pandemia, vírus, mortes aos milhares, máscara, distanciamento social, lockdown down, isolamento, vida virtual...

Foi preciso observar e compreender o rumo que a sociedade tomaria diante de mudanças tão drásticas e profundas. Para o setor artístico, especialmente, foi um grande desafio reinventar-se e buscar formas de acessar o seu público através das redes sociais. Durante o primeiro ano de pandemia, o coletivo atuou pontualmente nas redes sociais. Primeiramente pela necessidade de absorver tantas novidades, posteriormente pelas barreiras concretas com as quais as integrantes se depararam, tais como, acesso à internet de qualidade, bem como, a falta de recursos financeiros para investir em bons equipamentos.

Além de um contexto social e econômico muito complexo, o coletivo precisou lidar com a frustração de ver a sua primeira obra estocada. Convictas de que um livro somente cumpre seu papel social quando acessado pelo leitor, o coletivo ressignificou sua atuação com o projeto ***Conexões Literárias _ Sarau das Pretas nas redes,*** contemplado pelo Programa VAI no ano de 2021.

Com o projeto ***Conexões Literárias _ Sarau das Pretas nas redes*** o coletivo conseguiu fortalecer a sua atuação nas redes sociais e estruturar a difusão da obra Narrativas Pretas. O projeto propõe diversas ações nas redes sociais, nas quais os participantes receberão exemplares da obra Narrativas Pretas. A ação mais impactante da difusão da antologia, é o envio de dois exemplares para as 106 unidades do Sistema Municipal de Bibliotecas da cidade de São Paulo. Fortalecendo a compreensão de que ***nossos passos vêm de longe*** o coletivo também entende a importância de semear os caminhos para aquelas que virão. Assim outra ação de suma importância neste projeto, é a oficina ***Publica, Preta!*** Uma oficina de publicação independente que visa instrumentalizar mulheres pretas e periféricas para que possam publicar suas obras autorais.

Assim o coletivo Sarau das Pretas, que reúne mulheres pretas que ao longo de suas vidas recorreram às políticas públicas para alinhar suas trajetórias pessoais, encontraram novamente nas políticas públicas, força, fôlego e condições materiais para semear a arte da palavra e fortalecer cada mulher preta que ainda não compreendeu que Narrativas Pretas são correntes, com elos difíceis de serem quebrados.

Resgatamos com você leitor, a trajetória do Sarau das Pretas, para que ela não se perca e fique registrada para posteridade, fortalecendo assim, mais um elo dessa corrente de resistência que vêm sendo forjada há séculos.

Orikis, é mais um elo dessa corrente de resistência, e nasce não no tempo das planilhas, não no tempo dos anseios, nasce no tempo do seu amadurecimento. Assim, com essa obra, louvamos as nossas cabeças, e invocamos as forças ancestrais que nos regem.

3.

Ô bate palma, começou Sarau das Pretas!
Ô dá licença, mulher preta vai falar!

Pode bater palma, porque começou o Sarau das Pretas!

Nesse capítulo você vai conhecer algumas músicas e poemas que compõe as intervenções poéticas e espetáculos do Sarau das Pretas.

Essas intervenções coletivas são o fio condutor do sarau e acontecem na abertura, durante e no encerramento, costurando as intervenções individuais de cada poeta.

Seguindo a dinâmica do sarau, após os momentos coletivos, seguem os demais capítulos dedicados a cada poeta.

Devido à tradição jongueira da percussionista Taisson Ziggy, o jongo tornou-se uma dança e um ritmo de referência para o Sarau das Pretas. Geralmente as apresentações são abertas e encerradas com uma roda de jongo, com a música Jongo das Pretas.

Jongo das Pretas

Autora: Débora Garcia

Abertura da roda de jongo

Ô bate palma, começou Sarau das Pretas!
Ô dá licença, mulher preta vai falar!
Ô bate palma, começou Sarau das Pretas!
Ô dá licença, mulher preta vai falar!

A mulher preta traz na voz a multidão
A mulher preta é resistência e tradição
Fez do terreiro, o seu quilombo,
O seu congá
Ô dá licença, mulher preta vai falar!

Sou preta ê! Sou preta ô!
E o asè foi o jongo que espalhou!
Sou preta ê! Sou preta ô!
E o asè foi o jongo que espalhou!

Fechamento da roda de jongo

Ô bate palma, terminou Sarau das Pretas!
Muito obrigado, mulher preta já falou!
Fez do Sarau o seu quilombo,
O seu terreiro
E o asè foi o jongo que espalhou!

Sou preta ê! Sou preta ô!
E o asè foi o jongo que espalhou!
Sou preta ê! Sou preta ô!
E o asè foi o jongo que espalhou!

A música e o poema a seguir foram compostos para o espetáculo *Quem é do asè é de paz,* em defesa das religiões de matrizes africanas. Esse foi o tema escolhido pelo coletivo para o mês de novembro de 2017.

Quem é do asè, é de paz!

Gênero: Música afro/ ritmo Ijexá

Autora: Débora Garcia

Quem é do asè, é de paz! (4x)

A minha religião
Veio de África-Mãe
Apartada de mim

Com terror e violência
Condenaram minha essência
Mesmo assim eu resisti

E sobrevivi! Estou aqui! (2x)

Pra te dizer
Que nada vai fazer
Eu desacreditar
Do meu Orixá!

Podem queimar meu terreiro
Minhas guias estourar
Não deixo de acreditar
No meu Orixá!

Não deixo de acreditar, no meu Orixá!
Não deixo de acreditar, no meu Orixá!
Quem é do asè, é de paz! (4x)

Magia Negra do Amor

Autora: Débora Garcia

Orixá é tudo que está acima da sua cabeça
Tudo que está abaixo dos seus pés
É o Orum e o Ayê
Orixá é o sopro sagrado que gerou a minha e a sua vida
Orixá é a água doce que mata a sua cede
Orixá é a água salgada que tempera os sabores do mundo
É a flecha certeira na caça, que saciará a sua fome
Orixá é a terra que semeia o alimento
Orixá é a natureza que adoece e cura
Orixá é o bem e o mal que habita em seu coração
Orixá sou eu
Orixá é você
Orixá é a magia negra do amor!

Intervenção poética escrita coletivamente em março de 2018, em celebração aos dois anos do Sarau das Pretas.

Sarau das Pretas – 2 anos

Autoras: Débora Garcia, Elizandra Souza, Jô Freitas, Taisson Ziggy e Thata Alves.

Edição: Jô Freitas.

Nosso encontro estava escrito
Nos desígnios de Ifá
Cinco pontas reluzentes
Que uma estrela formará!

Mas juntas com nossas iguais seremos grande constelação
Itaquera, Itaim, Grajaú, Taboão e o doce Embu das artes.
Cada uma brilhando com que acredita e escrevendo sua crença
Construindo a história que lhes foi negada,
Gritaram nas margens e ouvimos o seu eco:

- Sarau das Pretas!

Sarau das Pretas é colheita no deserto
Que é a memória do fazer artístico de mulheres pretas
É a lembrança das nossas mais velhas esquecidas pelo todo
É pulsação em cada verso dos nossos poemas.

É ciranda de acolhida!
É giro da ancestralidade!
É ventre fértil de quilombo!
É Ubuntu!

Tecem palavras na delicadeza do que são
Mas, num bruto nó que, por vezes é necessário, falam de suas dores
Resgatam amores, brindam o encontro
São mulheres guerreiras num mesmo enlace de convicção.
Queremos ser respeitadas,
Ouvidas,
Remuneradas,
Amadas,
E sobre tudo queremos a dignidade em existir.
Pois já está na hora dessa história ser contada pelas mulheres!

E então contaremos nossa história,
São dois anos de resistência.
E se vocês acham pouco,
Saibam que nossos passos vêm de longe.

Nosso quilombo é a palavra
Escrita, cantada, dançada
O tambor firma o ritmo
Da nossa caminhada.

Seguimos com *Pretas em Marcha*
Dispostas a desbravar
Cada canto dessa cidade
Para nossa voz ecoar.

Quem é do asè é de paz!
Viva o povo do terreiro
Não aceitamos caladas
Violência e preconceito.

Entre uma guerra e outra
A gente brinca de ser feliz
Pra manter a sanidade
E não sucumbir.

Afrontamos esse sistema de invisibilidade
Nossos passos vêm de longe
Temos identidade!

Saudamos as ancestrais
Que nos trouxeram até aqui
E todas as contemporâneas
Para juntas seguir.

Saudamos e habitamos nos becos e memorias de *Conceição Evaristo*
Carregamos em mantra as palavras de *Esmeralda Ribeiro:*

- Nunca nos verão caídas ao chão!

Somos espirais de existência. Somos mulher matriz de *Miriam Alves.*

Sarau das Pretas é continuidade
Do que foi, do que virá e do que transforma...

Sarau das Pretas é militância, raiz que voa em todos os cômodos e incômodos De sermos mulheres, pretas e periféricas.

Existência e essência
Que em minha jornada aumenta
Na malemolência
Essas sim! Me representa!
Junto a elas, a formação
Pretas fodas, empoderadas
Na mais pura união!

Débora Garcia, Elizandra Souza, Jô Freitas, Thata Alves, Taisson Ziggy
Escrevemos juntas essa história!
São dois anos intensos de alegrias, lutas e vitórias.

É por Claudia que resistimos,
É por Luana que gritamos
Por Marielle Franco que continuaremos lutando,
Por todas as mulheres que se foram, como ela disse:
- *Quantos mais vão precisar morrer pra que essa guerra acabe?*

Somos Sarau das Pretas
Guerreiras, quebrando o silêncio
Nossa arte é política
Somos afrontamento!

Intervenção poética coletiva, escrita em abril de 2018, em celebração aos 30 anos do Instituto da Mulher Negra - GELEDÉS.

GELEDÉS 30 anos

Autoras: Débora Garcia, Elizandra Souza, Jô Freitas, Taisson Ziggy e Thata Alves.

Edição: Jô Freitas.

Geledés é semente sagrada da força feminina
Que cresce planta forte no coração e nos ensina
Rainhas de um novo tempo, edificação das ancestrais.

Nossos passos vêm de muito longe,
Nossa história não é de agora.
Vem de antes, bem antes do banzo.
Mas aqui mulheres se refazem.

Geledés
Fertilidade de sonhos e procriação de ideais
Traz pra mim
Traz pra nós
Que somos antes do que disseram,
Rainhas de um novo tempo.

Geledés é continuidade das pretas velhas
Que não dormiam nem de noite e nem dia
Combates incansáveis contra o racismo e o machismo
Trinta anos de uma história de luta e resistência
Amor pelas nossas, força ancestral feminina.

Das que aprenderam com as mães, conhecimento que veio das avós
Das pretas que o banzo não matou,
Que o balanço do mar não enlouqueceu,
Que a escravidão não sucumbiu
Que as Yabás protegeram
Juntas somos mais fortes!
Nossas avós, mães, irmãs, ancestrais.
Nos ensinaram a não desistir
Jamais!

Caminhos galgados há três décadas
São mulheres de ori abençoado
São majestade!

Merecido conhecimento pelos quatro cantos das cidades
Assim como as Yabás cuidam e geram
Eis que fizeram também em seus corações
Como fruto de inspirações.

A opressão nos fez agir
Nos bastidores da história
Mulheres negras, fortalezas
Nos deixaram um legado de luta.

Nesse legado de resistência negra
Cinco mulheres formaram uma sociedade
Expressão do poder feminino
Na luta por liberdade.

30 anos se passaram
E nos tornamos muitas
Reunidas em Geledés
Somos mais fortes na luta!

Somos luta, somos mulheres
Esperando na primavera
O abrir de novos caminhos

E que nessa tribo Geledés
O reinado seja respeitado
Pois mulheres que preservam a suas memórias
Serão lembradas para além dos livros de história!

Música composta em abril de 2018 para o espetáculo *Samba de poesia*, em homenagem às mulheres negras do samba.

Samba das pretas

Autora: Débora Garcia

Nosso samba é alegria
Resistência e união
Pode chegar quem quiser,
Só não venha na contramão

Nessa roda de mulher
Também pode homem chegar
Mas tem que ter atitude
E saber nos respeitar!

Vêm pra roda, vêm sambar!
Vêm pro Sarau das Pretas!
Vêm pra roda, vêm sambar! (2x)

Uôô
Vêm pra roda, vem sambar! (4x)

Música composta coletivamente, em novembro de 2018, em Paraty/ RJ.

Poesia e união

Gênero musical: Jongo

Autoras: Débora Garcia, Elizandra Souza, Jô Freitas, Taisson Ziggy e Thata Alves.

Ô chegou Sarau das Pretas
Que veio pra afrontar
Dança coco, dança jongo
Na quebrada, ou no mar

Na quebrada, ou no mar (4x)

Cinco estrelas femininas
Formam uma constelação
Itaquera, Itaim
Grajaú e Taboão
Também têm Embu das Artes
Quebrando no tamborzão

Ô chegou Sarau das Pretas!
Na mais pura união! (4x)

4.
Débora Garcia

Pois a gente não é nada sem memória

Identidade

Preta é a minha cor
Minha identidade
Resgato o meu povo
Minha ancestralidade.

Da nossa história triste
Não quero mais falar
Mas tenho ela em mente
Pra nunca mais voltar.

Quero saudar meu povo
Com minha literatura
Narras nossas histórias,
As nossas aventuras.

Falar dos nossos Reis
E das nossas Rainhas
Somar com a militância
E luta feminina.

Sou Débora Garcia
Venho de Itaquera
Sei que estrada é longa
Mas eu não e tenho pressa

Quero seguir em frente
Em busca do meu sonho
Mas eu não vou sozinha
Eu vou com o meu quilombo.

Mar da memória

O mar que me navegou
Por África passou
E eu senti
Em minh'alma o seu sabor
Saboreei as memórias da gente que vem de lá
E degustei as palavras em língua iorubá
Purifiquei com esse sal
Que preserva minha história
Pois a gente não é nada sem memória!
E a memória, é o mar
Que insiste em me navegar
Sol a pino, tempo aberto
Sei que não vou naufragar!
No horizonte, terra firme
É nova realidade
Letras pretas
Poéticas de liberdade!

Templos da transformação

Estão ouvindo esse brado
Ecoando alto nas ruas?
Somos nós, mulheres em marcha
Nossa vida sempre foi luta!

Resistimos às fogueiras
E ao poder da inquisição
Resistimos às canetas
E aos Estados de exceção

Somos Fênix em brasas
Das cinzas nos reerguemos
Não adianta nos matar
Pois, mais fortes voltaremos

Assombraremos seus sonhos
De poder e impunidade
O seu falo não é mais forte
Do que a nossa liberdade

E por sermos livres gritamos
Basta!
Não queremos ser importunadas
Muito menos estupradas

Não aceitamos suas investidas
Suas falas equivocadas
O assédio em nossas vidas
Não assinamos essa carta!

Rompemos o silêncio
Contra o machismo e a opressão
Fazemos de nossos corpos
Templos da transformação!

Transformamos silêncio em vozes
Vozes em sororidade
Sororidade em ação
Pela nossa liberdade

Os machistas se intimidam
Nos chamam de feminazi
Mas o machismo nos trouxe a morte
E o feminismo, liberdade!

Rompemos o silêncio
Contra o machismo e a opressão
Fazemos de nossos corpos
Templos da transformação!

Narrativas Pretas

Mulheres pretas reunidas
É magia, é poder
Seguimos juntas na vida
Pois assim iremos vencer!

Escrever a nossa própria história
Desafiar quem tem nos silenciado
Grifar em nossas narrativas:
Não aceitamos mais o borralho!

Faremos uma grande fogueira,
Incendiar a Casa Grande.
Cutucar colmeias de abelhas,
Provocar um grande enxame.

Nossa palavra é mel
Adoça, alimenta
Mas também é ferrão
Causa dor, atormenta.

Tenta, tenta nos silenciar!
Narrativas Pretas é corrente
Elo difícil de quebrar!

Rodamos nossas saias nos terreiros
Sacudimos as cinzas do passado

Avisamos a quem quiser comprar:
Não somos a carne mais barata do
mercado!

Não estamos à venda, veja!
Acabou a escravidão!
Seus resquícios ainda persistem...
E resistimos com canetas nas mãos.

Não vamos mais chamá-lo de "sinhô"
Viramos essa página inglória
Somos Realezas Pretas!
Altiva é a nossa história!

Queremos cotas raciais,
Ações afirmativas.
Você diz que é esmola.
Nós provamos, é uma dívida!

Então tenta!
Tenta, nos silenciar!
Narrativas Pretas é corrente
Elo difícil de quebrar

Desconstrução

Homem não chora!
Ora sujeito
Deixa de preconceito
E chora!

Desde o anoitecer
Até nascer a aurora
Jorra!

Baixa sua guarda
Vem para a esgrima
Te garanto que chorar
Não te tornará uma menina
E sim, humano
Compreendeu meu mano?

Desconstrói esse estigma
De querer ser de ferro
Quando se é apenas água
Como a que carrego em minha cabaça
Como a que abrigou a sua vida
Como a que escorreu de meus olhos
Quando, por você, fui ofendida

Dívida!

Reconheça seus privilégios
Olhe para nós, mulheres, bem mais de perto
Assim enxergará por conta própria
A dor que seu machismo provoca

Se olhe no espelho
E quando ficar evidente
A sua violência potente
Você vai chorar!
Pois ficará perplexo
Ao ver o seu reflexo

Chora!

Lava essa carcaça de macho
Desata os nós do patriarcado
E nas águas desse rio-vida
Desconstrói o seu machismo
Dia após dia

Tente se tornar um homem de verdade
Pois, homem de verdade, falha
Homem de verdade, fala, mas também ouve
Homem de verdade também é sensível
Gosta de fazer carinho
De ninar seus filhos

Homem de verdade também cozinha
Lava e passa

Homem de verdade não trapaça
É parça!

Homem de verdade não estupra
Conquista, flerta,
Homem de verdade sabe o quanto é bom
Quando a mulher se entrega

Homem de verdade também tem vaidade
Homem de verdade tem agressividade
Mas essa não é sua melhor qualidade

Homem de verdade quer ter a liberdade de ser
E não se preocupa com o que os outros irão dizer
Faça o que o que quiser de verdade
E a menos que essa seja a sua vontade
Nada disso te tornará uma mulher!

O seu machismo é cultural
Não está na sua digital
A sua mudança será contínua
Progressiva, dia após dia
Então comece agora!
Olhe para o seu machismo, homem!
E chora!

Modernistas do novo tempo

Nós estamos aqui! Vocês querem nos ouvir?
Nós estamos aqui! Vocês querem nos ver?
Nós estamos aqui! Vocês querem nos ler?
Nós estamos aqui! Vocês querem nos comer?

Nossa arte é alimento
Gigante e colorido como Abapuro
Das periferias, fazemos o centro
Com nossa arte nos tornamos nus

Expomos, com palavras, as feridas
Das quebradas, becos de vielas
Falamos da periferia
Da cidade, a joia mais bela

Curamos as suas inúmeras mazelas
Com unguento de saraus e poesia
Batalhamos, com palavras, na cidade
Em busca do pão de cada dia

Somos modernistas desse novo tempo
Ainda vive o manifesto Antropofágico
Deglutindo a cultura periférica
Somos artistas brasileiros, de fato!

Dessa revolução descendemos
Anunciamos boas novidades
Fazemos das ruas nosso templo
Onde criamos e circulamos nossa arte

Temos fome de gente
Sede de humanidade
Mas ainda Tem gente com fome
Denunciou Solano Trindade

A nossa fome é ancestral
Queremos telas, papel e caneta
Bibliotecas nas quebradas
Livros em nossas mesas

Rompemos a estética clássica
Livre é a nossa criação
O centro também é nosso
Com arte reintegramos esse chão

Nossas palavras têm gíria e ginga
Genuíno é o nosso português
Escrevemos, declamamos, batalhamos
Agora chegou a nossa vez!

Pretas Panteras

Eu sou mulher zica
Eu sou mulher do bangue
Sacudo no pagode
E desço até o chão no funk

Mas faço por prazer
Essa não foi minha sina
Mudei a minha história
Com estudo e disciplina

Sou mulher preta, graduada
Trago caneta empunhada
Transformo o presente
Construo minha estrada

Posso olhar pra trás
Posso olhar pra frente
Respeito minha história
E honro minha gente

Meus orixás no Ori
Me trazem proteção
Pra guerrear na terra
A luta não é em vão

Defendo o que acredito
Defendo o que faço
Por isso te aviso, só não pisa no meu calo
Pois viro fera, pantera pegada Black Panther
Ângela Davis, respeite, se for falar seu nome

Respeite a minha escrita
Respeite a minha cor
Respeite o meu cabelo
Respeite a minha dor

Respeite a minha história
Respeite meu passado
Respeite o meu sexo
Não sou mulher de aço

Quero carinho, respeito
Amor e proteção
Quero partilha, família
Sem banalização

Aqui não tem espaço
Pra mi mi mi de macho
Se quiser vem comigo, senão sai do meu sapato

Vou ser o que eu quiser
Vou ser o que eu sonhar
Mulher independente
Que ama e quer gozar

Marchando mulheres juntas
Sororidade em ação
Empoderadas do sim
Tão calejadas do não

Junto com as Pretas Panteras
Vou desbravar a selva
Sem essa de caçador
Aqui bateu, cê leva!

É tempo de cuidar

É tempo de cuidar
De si, dos outros, do mundo
Pois cada pequena atitude, movimenta grandes transformações
Beba água, deixe ir as impurezas
Prepare a terra e regue seu jardim
Plante suas melhores sementes
Vigie, adube, observe
Sem cuidado, nada irá brotar
É tempo de cuidar
Vacinar-se contra a ignorância
O vírus mais letal de todos os tempos!
A ignorância mata
A ignorância oprime
A ignorância silencia: a ciência, a ética, o óbvio!
Usar máscara é encarar a nossa atual realidade
Lavar as mãos é assumir responsabilidade
Vacinar-se é se comprometer com as futuras gerações
Ler, informar-se, ter senso crítico
Também é uma forma de cuidar
De si, dos outros, do mundo
Muitos podem mentir, mas a história, não!
E lembre-se:
Cada pequena atitude, movimenta grandes transformações!

Mosaico

Meu coração é um mosaico
E cada caco colado
Destaca em alto relevo
Minhas cicatrizes

Ao me ler você pode ver
A arte que construo em meio ao caos
Reunindo os pedaços
Os escombros
As vigas que me escoram
Apesar de corroídas pelo tempo

Eu sou uma mulher
De pele escura
Cabelo crespo
E curvas sinuosas

Eu sou uma mulher
De pele escura
Com muitas perguntas
E poucas respostas

Sei que é perigoso
Para mulheres como eu, questionar
Isso diz muito
Sobre os cacos e as vigas corroídas
Sobre mosaico que é meu coração

5.
Elizandra Souza

Quem pode acalmar esse redemoinho de ser mulher preta?

Passista dos sonhos

Saúdo aos donos e donas das ruas e encruzilhadas!

É carnaval! É carnaval! É carnaval!
Estou feliz, estou viva e vou comemorar
A bala que não me pegou
O marido que não me matou
O segurança que não me seguiu
O racismo que não me enlouqueceu
O patrão que não me assediou

É carnaval! É carnaval! É carnaval!
Estou feliz, viva e vou dançar
Vou dançar até o dia amanhecer
Vou dançar até anoitecer
Vou dançar por todos os dias que morri
Vou dançar por todas as noites que chorei
Vou dançar até a sola da sandália gastar

É carnaval! É carnaval! É carnaval!
Estou feliz, estou viva e vou referenciar
A Rainha das minhas escolhas
Imperatriz das minhas vontades
Passista dos meus sonhos

Carta aberta dos que não vieram

Essa noite oferto meu corpo e minha alma aos que não vieram
Aos que não foram convidados
Aos que ficaram da porta para fora
Aos que sobem escadas e só entram pelo elevador de serviço
Oferto as minhas palavras como rezas que não fizemos
Os meus versos declamados para os que não leem
Oferto minha resistência aos que foram silenciados
Como diz o poeta Sergio Vaz " A arte que liberta não vêm da mão de quem oprime"

Essa noite oferto meu corpo e minha alma aos que não vieram
Aos que não convidados
Aos que foram barrados no baile como cantou Edson Gomes
As que nasceram Tarsillas e morreram como Cláudias
As que não se calaram e morreram como Marielle
Oferto os meus poemas as Mães de Maio
Exponho neste palco todo o sangue derramado dos seus filhos
Grafitaremos em todos os muros " Racistas Otários nos deixem paz" ou "Fogo nos racistas" tanto faz
Queremos ocupar para resistir e vamos resistir ocupando...

Essa noite oferto meu corpo e minha alma aos que não vieram
Aos que não foram convidados
Faço de mim uma tela destas de cinema e exibo essa escadaria da porta para fora onde nasceu o movimento negro unificado
Já repararam que as reivindicações não mudaram?

Continuamos assassinados pela polícia, espancados a céu aberto
Não nos deixam entrar nas piscinas e continuamos ser
Olha o pretinho, Olha a pretinha vendo tudo do lado de fora

Essa noite oferto meu corpo e minha alma aos que não vieram
Aos que não foram convidados
Faço de mim um caderno destes encontrado no lixo
Salve Carolina, mais casas de alvenaria e menos quartos de despejos
Somos Ruth Guimarães nas nossas águas fundas
Somos Miriam Alves " a luta é tramada na língua dos Orixás"
Esmeralda Ribeiro " nunca me verás caída ao chão"
Elza Soares cantando para não enlouquecer

Faço de mim um sarau destes que acontecem no bar, na porta do bar
Nas escadarias, nas praças ou nas estações do metrô
Somos a arte dos esquecidos, daqueles que as pessoas não sabem
Será que é arte ou é protesto? Será que é arte ou panfleto?
Será que é arte ou o corpo sangrando em movimento poético?
Somos Sarau das Pretas, Sarau do Binho, Elo da Corrente, Brasa, Quilombaque, Cooperifa!

Essa noite oferto meu corpo e minha alma aos que não vieram
Aos que não foram convidados

Estradeira

Hoje a poesia veio triste
Despedidas são sempre o vazio
O que não existirá mais
Essa dor que arranha a garganta
Embarga a voz
E essa liberdade das águas dos olhos
Caindo descontroladamente...

Hoje a poesia veio triste
Como a vitória-régia solitária no rio
Como uma estradeira que não olha pra trás
Fecha a mala, tranca a porta
E segue em direção ao desconhecido
Engole a poeira, pisa firme nas pedras...
Não deixa saudades, não deixa Amor

Hoje a poesia veio triste
Como final de um espetáculo
Daqueles que só alguns vestígios
Permaneceram no público.
Daquelas conexões sem nenhum sentido
Histórias cruzadas por mero acaso
Não era destino, era a vida por um triz!

Revista aleatória

Dedicada a Leno Sacramento

Hoje eu acordei como todos os dias...

Preta, inteira, digna e completa
Tomei café com banana e cuscuz
Vesti minha roupa mais confortável
Me preparei para seguir a jornada
Construída a passos lentos e firmes
Eu não sabia, eu não queria acreditar
que algo poderia me parar...

Um velho poeta mineiro escreveu:
" no meio do caminho tinha uma pedra"
Como eu seria feliz se no meu caminho
fosse só uma pedra
Com o Ori consagrado ao chefe das pedreiras
Seria um mimo, um dengo de meu bem...

Hoje quando eu acordei como todos os dias
Preta, inteira, digna e completa
Eu não sabia, eu não queria acreditar
que algo poderia me parar...

Ontem foi o meu aniversário
Ganhei meu prato preferido,
Teve amor, bolo, presentes e felicidades

Eu acordei como todos os dias...

Entro em cena...
Ontem havia muitas miras no meu espetáculo
Olhares de amor e cumplicidade com a minha arte

Eu acordei como todos os dias...
Preto, inteiro, digno e completo
Eu não sabia, eu não queria acreditar
que algo poderia me parar...

Ontem eu tinha uma trajetória de mais de 20 anos
Arte talhada a cada dia costurada com a força motriz
reconhecimento...

Eu acordei como todos os dias...

Hoje eu fui escolhida no Aeroporto
Para uma revista aleatória
Mas em todos os embarques aéreos
Sempre eu todas às vezes...

Eu acordei como todos os dias...

Hoje eu fui confundido, estava novamente na mira
No meio do caminho, nada do que fui ontem, impediu
No meio do caminho tinha uma bala....

Hoje eu acordei como todos os dias
Preto, desfigurado, digno, incompleto

Eu acordei como todos os dias...

Hoje eu fui escolhida
Hoje eu fui confundido

Hoje eu fui En
[cruz]
Ilhada

Redemoinhos

Quem pode prender essa ventania que mora em mim?
Essa fertilidade de espalhar boas sementes
De unir elementos contraditórios dentro de si
Tempo que se fecha sem chover, poeira do meu indizível.
Fogo que alastra indomável pelo caminho
Águas que recuam e voltam com intensidade
Nesta instabilidade de nascer tempestade e dissipar-se fogo
Fecha meu ponto fraco, nas espirais dos meus ventos
Movimento o meu corpo para que ele não morra

Quem pode acalmar esse redemoinho de ser mulher preta?
Este racismo que me desumaniza e me torna vazio
O invisível de todos os meus passos desfeitos
Sabe quando o mar desfaz as escritas nas areias?
Sabe quando o dia vai virando noite e tudo se torna mistério?
Tem dias que a loucura mescla com a solidão
E eu me vi várias vezes vagando sem destino certo...
Eu tenho medo de que não se lembrem,
nossos passos vêm de longe e precisamos prosseguir...

Quando toca tambor

Quando toca tambor, em mim a solidão retrocede
Aquele portão que um dia nos separou
Com todo rastro de nosso sangue derramado
Hoje ele abriga a lembrança que não podemos ser separados

Quando toca tambor, em mim a solidão retrocede
E entramos no portal que só o mar conhece
Empretecer é nosso lema, nosso amor manto sagrado
Podemos refazer o antigo combinado

Quando toca tambor, em mim a solidão retrocede
Suas mãos em minhas mãos, perfeita alquimia
Sândalo e Hibisco nossa secreta sinestesia
Meu espirito conversa com o seu, somos velhos amores
Somos vento e maré, dança essa nossa que nos enobrece

Memória de menina

Odoyá! Sou cavalo do mar
Na minha memória de menina
Foi a primeira que meus olhos viram
Linda Yabá a dançar
Minha vó era filha de Iemanjá

Ela soltou seus cabelos negros
Movimentos leves em volta da fumaça
Eu olhava curiosa, seus pés descalços
Eu não sabia que vozinha dançava
Só depois entendi o que não se explica
Mãe-d'água dos iorubás
Seus filhos são como peixes
Dandalunda quem decide
O destino dos que adentram no mar
Deusa de muitos nomes...

Seu nome é referenciado
Nas diversas tradições,
Candomblé, Umbanda, Kimbanda
Orixá africana que no Brasil
Alvejou-se Janaína...

Flores brancas, alfazema
Espelhos, sabonetes
Joias de prata são ofertadas

Presentes para a sereia
Uns afundam e outros são devolvidos à areia

Oferto-te canjica branca e manjar
Aceito quando me pega no colo
Acalma meu coração
Na memória de minha vó,
Te saúdo minha mãe, Odoyá!

Repouso do meu ori

Meu quarto é um xirê!
Dentro dele tenho proteção
Dos espíritos ancestrais que me cuidam
Objetos sagrados e sambados
É minha quitanda que vendo a mim mesma
Quartinha cheia, vida próspera
Mandinga, ebó e cura

Meu quarto é um templo!
Residência permanente de Abayomis
Têm espelhos, têm borboletas
Discos, bolsas e afins
Montei altar para a Deusa que sou eu
Culto dos meus múltiplos sorrisos
Alicerce mágico dos meus poemas

Meu quarto é um santuário!
Morada de Sangô e Mano Brown
Poster de Miles Davis e Erykah Badu
Minha Padilha cubana e Nossa Senhora Aparecida
Imagens por todos os lados
Fotografias, estátuas e premiações
Mil colares, mil sapatos, mil livros

Meu quarto é um relicário!
Assentamento de sabedorias
Cafuné dos meus amores
Guardador das minhas memórias
Fuzuê dos meus pensamentos
Calunga dos meus sonhos
Repouso do meu Ori.

Renascimento

Antes do fim do começo
Volto para dentro do ventre
Nada será como antes
Estiagem depois do temporal
Agarro-me no amanhã do depois
Renasço dos estilhaços do vidro
Estanco o sangue do dedo furado nos cacos
Embrulho as angustias em papel jornal
Para que ao ser jogada no lixo
a garrafa que atirei sobre a parede
Não corte mais ninguém
Meus pés desaprenderam os velhos caminhos
Reaprendo passos novos e respiro!

6.
Jô Freitas

Se as flores esperam pela primavera, eu esperarei o tempo de flores *(Antônio Henrique).*

I have a dream/ Eu tenho um sonho

Peço licença a quem veio antes, saúdo a memória dos que morreram
para que hoje possamos estar aqui.
Você já se perguntou quem são seus heróis e sua heroínas reais?
Os meus vieram de África, em navios negreiros
Forçados

Os meus gingam capoeira
Os meus cantam ancestralidade
Lutam no morro e se eu gritar, socorro
Aqui eles estão e tentam me libertar
Mas na ignorância do mundo são presos pela justiça lutar
É mais que pedir licença, quero ver pretos e pretas respeitados em qualquer lugar

Se nos querem pé no chão, vou de salto alto
Se nos querem de salto, vou de pé no chão só para afrontar

Sei que está difícil
A gente corre daqui
Devia do tiro da li
Na capoeira lutar
Para alegria reinar
Sem ter folego para respirar
Paramos e sambamos na cara da sociedade
A Paz é distante demais de um povo sedento de justiça!
querendo ser livres, ter comida e moradia

nos formamos e viramos doutoras
Mas estamos lecionando na casa grande tendo nosso diploma como carta de alforria
Você, sabia?

Vamos lutar e quebrar as correntes
Nos reerguer e gritar sou resistente
Levantar das cinzas
Correr da bala perdida
Fugir do açoite
Matar quem me torturou

haaaaaaaaaa
É tanta luta que não consigo suportar
Eu quero lutar sem perder a ternura
Quero ser flor rio, calmaria
Quero ser mar, menina feliz sorria
Quero andar na rua sozinha e ter a mente sadia
E um suspiro que não seja apenas correria

Muitos procuram direção
É vento, é bussola e mapa
Você é abismo mergulhe para dentro de si
Somos miúdos como grãos de areia
E imensos como constelação

E como Martin Luther King
I have a dream/ eu tenho um sonho
Contra o racismo

I have a dream/ eu tenho um sonho
Por mais pretos aqui
I have a dream/ eu tenho um sonho
Por Marielle Franco
I have a dream/ eu tenho um sonho
Por mestre Moa e Antônio Henrique
I have a dream/ eu tenho um sonho
Por Daniel Marques e Moise
I have a dream/ eu tenho um sonho
Pela sabedoria ancestral
I have a dream/ eu tenho um sonho
Para cada doutora advogada
I have a dream/ eu tenho um sonho
Queria dizer que a vida é bela, mas me dá um nó na garganta
I have a dream/ eu tenho um sonho
Queria dizer a vida é bela
Apenas junto com vocês consigo sonhar
Que esse grito seja cura e transformação
E se um dia não puder mais gritar, lembrarei do eco de todos vocês
Eu tenho um sonho
E no dia da minha morte lembrarei que tive sonhos, e que fizeram diferença nesse mundo
Eu tenho um sonho.

Realeza Preta

Você é linda
Em cada parte renasce, floresce, estremece
Menina mulher África rainha

Foi-se o tempo que tais palavras me ofendiam
Você é preta
Cabelo duro
Hoje não me curvo
Me curo da doença que me impuseram ser

Pois cada parte de mim é realeza
Boca, seio, quadril
Eu não sei, mas em mim resistiu
Esperança, herança
Sentença de outra era
De mães rainhas nagôs

Sinto a dor vinda dos porões
Cobertos pelo esquecimento
Mas, exalo o amor vindo de ancestrais

Pois cada parte de mim é realeza
Cabelo, ombros, mãos
É tudo como devia ser
Ou não?

Quem determina sobre mim
Sou eu mesma
Então não se esqueça
Sou realeza preta

Mas não se assuste
Este reinado não irá te sucumbir
Mas deixará você ir e vir
Porque é reinado preto
E não é autoritário
É encanto, deslumbre
E, sobretudo
Liberdade

Porque você é linda
Como pássaro livre
Em pleno voo

E aquelas mesmas palavras que me ofendiam
hoje é pura caricia, com tua voz e olhar

Preta, pretinha
Seu cabelo e cada parte do seu corpo
É lindo
Porque em você habita
A fortaleza de um povo preto
REALEZA

Corpo Ancestral

Esse corpo ancestral tem sua própria história
Memória
Construindo um caminho na estrada que já foi pisada, enlameada
Resgatada
O meu ser vem do barro
E essa tal cor vem do cerrado
Cada parte de mim tem seu destino
Meus pés me guiam e sustentam para suportar a caminhada imposta
Meus joelhos sacodem na dança e no gingado da capoeira
Meu ventre gera vida e a fé de um dia viver a vida do jeito que a gente quer
Meus seios alimentam e mata a sede de um povo doente
Explorado na corrente
Mas nunca refém de sua mente
Meu coração que bate junto ao tambor me faz lembrar que jamais vou recuar
Vou avançar com essa legião de guerreiros armados com seu batuque
Empunhando baqueta na mão
Porque em meu corpo habita uma nação
Na cabeça tem canto de guerreira
Menina tu vem do poder preto
Pantera negra na selva cinza
Resista
Agora é hora de empoderar
Empunhar
Armadura tua, que não está só

Guerreira que não tem medo
Desata os nós
E segue teu corpo ancestral que sempre te lembrará
No topo da montanha quando você chegar
É lá onde seus ancestrais vão estar.

Menino da pele preta ou lamento de uma mãe

Tua pele é preta
Já sabia o menino desde nascido
Sua mãe sempre dizia
Que sua cor é preta como a noite
E seus olhos brilhavam como estrelas
Pedia liberdade

Mainha
Cada despedida
Uma benção, um até logo
Sempre vinha a seguinte frase

Menino
Não corra
Tua pele preta

Cada Estudo
Ter liberdade
Sua brincadeira
Exalava liberdade
No trabalho
busca de liberdade
Minha alforria

Mainha que já sabia
-Menino, cuidado com essa tal liberdade

Criança jogando bola
Menino
Não corra
Tua pele preta

Adulto trabalho abulante
Menino
Não corra
Tua pele preta

Todas as noites
Voltando para casa
Como um mantra
Ouvia

Menino
Não corra
Tua pele preta

Menino
Não corra
Tua pele preta

Menino
Não corra
Tua pele preta

NÃO CORRA
PELE PRETA

Foi um grito
E um corpo estendido no chão
Como todos os dias
Ele não correu
Mas foi o dia que seu
Corpo atravessado morreu
Foi uzomi
Lamentava ela

Foi uzomi
Afirmava ela

Num canto alucinante
Mainha gritava

Não morra
Tua pele preta
Não morra
Tua pele preta

E num grito de liberdade

TUA PELE PRETA

Menino da Rua

Corre menino corre moleque
Morre menino morre moleque
Gira mundo gira
Vida muda
Vida

No trem da vida quem perde lugar é trabalhador
Trabalha nego, nego trabalha
Já dizia sim senhor
Xiiiiiii
É o apito do trem
Ou a sirene do matador?
Olha senhor
Desculpe senhor
Mais só estava passando senhor
Eu sou trabalhador senhor
Não me prende não senhor

Ele prende
Faca, mata, corta
E só depois pergunta quem é que eu sou
Sou mais um preto de nome nas vielas de sangue no asfalto
Descalço

Muito prazer sou mais um preto em formação
Acreditando que um dia irá acabar essa história de dominação

Aqui não é formação, mas é preciso te dar uma lição
A escravidão não foi conto ou ilusão
Existiu
E o chicote bateu em muitos
Deixando marcas até hoje
Então, não me venha com esse papinho de racismo reverso isso eu confesso, não vou aturar!

Porque se me param na rua
Sou o ladrão
Se não consigo emprego
É porque não tenho formação
Se não me caso
É porque sou mal pago
Porque tanta definição pra esconder o racismo?

Estou cansado de deixar claro
Quero é escurecer quero me libertar
Posso ser muito além do que podem subjugar
Esse preto em formação
Se hoje estivesse vivo
João Vitor
Saberia que cada palavra racista
Dita
É como fuzil matando um preto correndo na pista

Redimir

Quero me redimir de toda vez que o acaso me tornou o que não queria ser
Das vezes que te magoei para me proteger
Das vezes que não disse que te amava,
A mente bloqueia o coração
Me redimir pelo beijo que desviei muitas vezes
Pelas vezes que te iludi
Sempre tive medo de me tornar quem eu odiava
E como espelho era eu que refletia meu pior inimigo
Hoje quando te olho me vejo também, outro lado de mim.
Quero me desculpar pelas vezes que te fiz sofrer sabendo que não era certo
Hoje não quero justificar nada
somos mascaras
O patrão e o empregado, o fugido e capitão do mato
Devo isso a minha poesia
Ela me revela que sou escrita e ócio e às vezes sou pelada de palavras
não me faz melhor
Mas me liberta de meus próprios demônios
Por isso peço desculpas ao amor
Acho que nunca entendi a profundidade que esse sentimento é
Sem ambição, dominação e ciúme
Quem sabe como amar?
É possível amar quando não sabemos quem somos?

Muda

Eu estou cansada
Cansada, de calar toda vez que me sinto insegura
De abaixar a cabeça quando alguém faz algo que eu não gosto
Estou cansada de engolir sapos
Dessa indigestão eu não vou morrer
Cansada do racismo que todo dia bate em minha porta
Do seu sorrisinho velado, do seu olhar congelado
Estou cansada da paz que só serve aos brancos
Cansada de ser bem tratada apenas por obrigação
Não preciso que me tolerem
Deixem meu corpo ser o que é
A violência que flerta com meus ouvidos é tiro certeiro contra mim
Não quero mais sorrisos falsos
Namorar uma pessoa preta não te torna menos racista
Ter um filho preto não te torna menos racista
Empregar pessoas pretas não te torna menos racista
Conviver com pessoas pretas não te torna menos racista
Você entendeu, ou quer que eu desenhe?
Estou cansada de ter que apresentar meu currículo para provar minha credibilidade
De mostrar que minha luta não é apenas por vaidade
Que Iansã me guie toda vez que eu derrapar
Que meus ancestrais me digam por onde seguir toda vez que eu quiser parar
Então não me peçam para calar
Porque os gritos que habitam aqui, vem toda noite me atormentar

Sempre será por vingança aquele amor que eu tento revidar
Eu estou cansada.
Mas como falar de amor se eu não me sinto amada?
Como falar de paz, se da paz eu nunca consegui nada?
Como falar de cura, se quem nos fere tem seu plano de saúde e diz que seu racismo é doença detectada?
Para pobre todo ato em legitima defesa é violência
E para os bem-sucedidos, legitima defesa é aplauso em sua fachada
Por toda luta, por todas as mortes eu não vou ficar calada.

Dia do Nordeste

Hoje é o dia do nordestino
Dizem que nem parece que eu sou de lá
Meu sotaque quase não existe
Porque bem criancinha minha família decidiu mudar
Meu sotaque é meio esquecido
Passa despercebido para aqueles que não sabe identificar

Eu tenho saudade da minha terra
Mas desejo muito mais para ela, poder sustentar quem decidir ficar

Meu sotaque não existe é tudo meio enrolado
Falo parça, carne e adoro falar abilolado

Dizem que eu não sou nordestina
Mal sabem que quando estou com a família
Meu sotaque volta sem remediar

Hoje é dia do nordestino
Daquele que vive na terra
E daquele que decidiu se apartar
Só não daquele que acha nordestino burro
Ou que não sabe votar

Hoje é dia daquele
Que adora rapadura
Fala macaxeira
E no Bolsonaro com certeza não vai votar

É dia daquele que deixou saudade
Família ou do amor, trabalhando longe
Com desejo de um dia poder voltar

O Nordeste é muito amplo
Você sabia que
Alagoas, Bahia, Maranhão, Paraíba, Piauí, Pernambuco, Rio Grande do Norte, Sergipe, Ceará.
Faz parte e o sotaque em cada lugar você vai se encante
Mas não me venha você achar que me chamar de baianinha, cearense ou paraiba
É ofensa, mal sabe que isso e o mesmo que elogiar

Hoje é o dia do nordestino
É o de quem mesmo não estando em sua terra
Sabe que o coração bate, axente
E que mesmo longe
ser nordestino
É o único presente que a vida podia nos dar.

Depois do fim. Recomeços.

Hoje eu vi crianças correndo na calçada com chinelo nas mãos
E não foi pela janela
Pude ver o rosto inteiro das pessoas e a paixão nas mãos dadas dos casais
E não foi pela televisão

Foi dia das lagrimas lavarem o chão com a saudade dos pais,
A única morte naquele dia foi a "Saudade"
Eu fui a primeira a matar
Hoje corre livre sorrisos

Dialeto comum.

Como diz emicida
"Tudo, tudo, tudo que nós tem é nós"

Eram olhos vivos.
Antes quadrados pela tela do celular hoje livres
Era apenas um olhar.
Pessoas ao invés de carros
Engarrafamento virou abraçamentos.

Hoje
Encontramos heróis, aqueles de carne, osso e suor
É professor, enfermeiros, faxineiras e muito Doutor
Deixaram suas máscaras no dia de ontem

Não é mais sobre lavar as mãos
É sobre lavar a alma

Saudade devora
É lamina do tempo
Já é outro momento
Onde a tristeza não mora

É hora de florir
Saudade foi simbora
Amanhã é outro dia
É tempo é, labuta, agora

Nóis é pobre, mas tem alegria no viver
Pudê cumê, vivê, sem carecê morrê.

Mas sobretudo
Perceber que depois do fim
Sempre há um recomeço.

7.
Taisson Ziggy

Tenho em mim todas as maravilhas do mundo

Minhas Ancestrais

Sou descendente de deusas negras,
E fã de rainhas Dandaras,
Minha geração é de mulheres guerreiras,
Todas elas pretas raras!

São fontes, elas, de minha inspiração,
Desde a beleza ao pulsar do coração,
Tenho em mim todas as maravilhas do mundo,
Disso, não me esqueço em nenhum segundo!

Sou Taisson!
Junto a fogo, terra e ar,
Me banho nas Águas doces de Mamãe Oxum ,
E nas ondas salgadas de Mãe Iemanjá !
ODOYÁ.
Salve minhas Ancestrais.

Sou Negra

(Inspirado no poema homônimo, de Débora Garcia)

Sou Negra,
Negra da cor da noite eu sou!
A lua e o sol, imperam no céu
Sou negra rainha, sou meu doce mel
Vou me despertar,
Me presentear,
E me acabar de amar.
Por fim, sem que o toque te revele,
Que a textura da minha pele, te deixa assim.

Tudo ou nada

São muito de tudo,
E pouco de nada.
Tenho o máximo da vida,
E o mínimo da terra.
Fiz do céu a escuridão,
E da noite clareza.
Ressurgi do grão ao pó,
Me desfiz de água e terra.
Sou feroz feito um pássaro,
E me acalmo como leão.
Quero da vida o mais importante,
E da morte imensidão.
Sou valente na paz,
E na guerra a calmaria.
Do fogo trago o sol,
E do mar a ventania.
Trago no peito o som do tambor,
E na voz a nota mais alta.
Faço de mim um sonhador,
E de nós uma só alma.

Deusa Negra

Minha Deusa, Rainha Negra
A inspiração do meu cantar Refrão
Um belo dia, aonde esteja
No raiar d'aurora a festejar.

Aquele dia lindo escureceu
Como é que eu podia imaginar
Nos meus sonhos, ela não apareceu
Porque no céu começou a brilhar.

Eu fecho os olhos e vejo você
Suas canções não saem do pensamento
A cada dia tento me conter
Te sinto agora neste exato momento.

Minha Deusa, Rainha Negra
A inspiração do meu cantar Refrão
Um belo dia, aonde esteja
No raiar d'aurora a festejar.

Hora, ora

Hora, ora quem cala consente
Então quem jura mente?
Mentiras ou juras já não me
surpreende ultimamente
Corro feito água corrente
Neste tsunami de fraudes frequentes
É muita água quente jogada em nossa gente
E eles mentem, vendem a gente
E consequentemente somos nós
Os indelinquentes

Nossos corpos se apagam
E essa luz de onde vem?
O meu povo em chamas
Não queremos ser reféns

Força Preta

(Música inspirada no poema Realeza Preta de Jô Freitas)

Menina, seja você mesma
Seja como for
Nunca se esqueça
O que você emana é o amor

Cresça floresça, num caminho sem dor

Levante a cabeça , olhe dentro de si
Toda essa energia foi trazida pra ti
Canto, canto pra saudar
Minhas ancestrais Realeza Preta!

Força, Preta!
Força, Preta!

Sorrateira

(Música inspirada nos poemas Ori e Identidade, de Elizandra Souza)

Sou filha de vento e trovão,
Voando com os meus pés firmes
No chão,
Chuva que cai sobre mim
Quero ser as flores do meu jardim,
Serei de terra e de mar
No meu mais puro desejo de amar,
Ela tem na cabeça unção
Obra de arte sou da criação

Ori
Ela vem faceira, sorrateira, gingadeira
Ela vem por inteiro
Trás na cabeça unção

Ori
Um turbante elegante
Uma força e um torço
Trás na cabeça unção

Ô, saudade de mãe

Dedicado à minha mãe Marissol Solange

Acordei cedo com sol batendo no rosto
Mãezinha já tinha preparado o café
Fui para o quintal procurar um encosto
Pedindo a ela um cafuné
Olhei em teus olhos vi um pouco da saudade
Sorriso profundo, e verdadeiro
Ô cantinho de aconchego da cidade
O peito aperta de pensar em ir embora
E deixar a minha velha
Para continuar a minha história
Na cidade grande eu chego
Vim de minha Terra vizinha
São três horas de saudade
Do rosto de mãezinha.

Pretas

Dedicado ao Coletivo Sarau das Pretas

Somos a voz da multidão
Sarau das pretas é emoção
A palavra ecoa no seu coração
Mulher preta é a revolução
Juntas no mesmo caminho de um novo sonho
Na luta de todos os dias para sobreviver

Refrão
Água que fura pedra
Fogo que queima sem cessar
Terra que traz a vida
Somos o ar que não pode faltar
Êa Sarau das Pretas
Êa sarau das pretas. (2×)

Ô bate palma terminou Sarau das Pretas
Muito obrigado, mulher preta já falou!
Fez do Sarau o Seu quilombo, seu terreiro
E o asè foi o jongo que espalhou!

8. Antônio Henrique Ribeiro

Homenagem póstuma

Antônio Henrique Ribeiro, o Tonho, Toninho ou Bunitinho era poeta. Cria dos saraus denunciava em seus versos as injustiças. Essa era uma forma de ele canalizar a sua revolta latente.

Um grande amigo, alegre, brincalhão e, na mesma proporção invocado. Um jovem negro com muitos sonhos a serem realizados.

Integrou a equipe do Sarau das Pretas desde o início da nossa trajetória, era nosso assistente de produção. Pensa numa pessoa agilizada... ele sempre dava conta. Nos dava segurança e tranquilidade para desenvolvermos um bom trabalho. Um homem negro que caminhou ao nosso lado, não somente respeitou nosso espaço, mas ajudou a construí-lo.

A violência nos tirou você, ao 30 anos de idade. A sua ausência ainda dói. A sua ausência ainda é dilacerante e a cada sarau, sabemos que nos encontramos. Sabemos que está orgulhoso de nós e definitivamente tornou-se nosso guardião. Nós também somos suas guardiãs. Sua palavra nunca irá silenciar!!

Sarau das Pretas - Força Feminina

Poema escrito Antônio Henrique Ribeiro em Julho 2018, em homenagem ao Sarau das Pretas.

Somos o Sarau das Pretas
Força feminina
Quebrando os padrões
Fortalecendo autoestima

Somos o Sarau das Pretas
Guerreiras de luta
Firmes e fortes
Seguimos na labuta

Juntando a poesia com a dança e a música
O toque ancestral tambor que veio da macumba
Circulam os lugares
Moramos em vários corações
Somos a pétalas de rosas
Temos a força vulcões

Não temos local físico somos itinerantes
Partilhando da vida, somos poetas andantes
A nossa força é sem limite, a poesia sem fronteiras
Armadas com os livros, derrubando as barreiras

Somos Sarau das Pretas
Força feminina
Quebrando os padrões
Fortalecendo autoestima

Somos o Sarau das Pretas
Guerreiras de luta
Firmes e fortes
Seguimos na labuta

Respeito ao sagrado reverência aos mais velhos
Educando as crianças
Derrubando os privilégios

Assumindo os lugares de protagonismo
Fortalece a militância combatendo o machismo
A vida não é um conto de fadas
Lutamos por direitos respeito, à nossa fala

Seguimos Pretas em Marcha
Nossos passos vêm de longe
Respeita a nossa história
Fortalece o quilombo

Somos o Sarau das Pretas
Força feminina
Quebrando os padrões
Fortalecendo autoestima

Somos o Sarau das Pretas
Guerreiras de luta
Firmes e fortes
Seguimos na labuta

Somos água que fura pedra
Somos fogo que queima sem cessar
Somos terra que traz a vida
Somos o ar que não pode faltar

9.
Biografias

Débora Garcia

Sou Débora Garcia da Silva, a segunda de quatro filhos. Sou filha de Laudimara e Jorge, irmã da Fernanda, Thais e Alamim. Sou tia do Heitor. Meus avós maternos são Jocelina e Alamim, e os paternos são Leonor e Inácio. Sou casada e amada por Admiro Soto. Sem medo do porvir, deixo registrado nesse tempo histórico um amor que me revoluciona, me cativa e me conecta com a minha ancestralidade. Minha família é tudo o que tenho e o que sou.

Sou nascida e criada no bairro Parada XV de Novembro, em Itaquera, Zona Leste de São Paulo. Apesar de estar pronta para conquistar o mundo, atualmente, finquei aqui minhas raízes, perto dos meus, para cuidar e ser cuidada.

Sou formada em Serviço Social pela Universidade Estadual Paulista (UNESP) e creio que essa foi minha grande vitória pessoal, porque a partir desta conquista, todas as outras foram possíveis.

Por fim, algo que considero muito importante, foi ter criado o Sarau das Pretas. Formar um coletivo de mulheres diversas e potentes, e, trabalhar com múltiplas linguagens em torno da palavra, era um sonho antigo e que estou realizando.

Eu sempre gostei de ler e escrever, mas nunca sonhei em ser escritora. Creio que isso estava no meu destino e a vida foi tratando de me trilhar por esse caminho. Foi o contato tardio com a literatura negra e periférica que me permitiu compreender que, os meus escritos, também eram literatura. E assim começou a minha trajetória literária, a qual me trouxe a liberdade criativa e a possibilidade de elaborar e canalizar todas as minhas energias.

Na lida diária com a palavra, descobri o seu poder e, através deste, me ressignifiquei. Deixei minhas palavras impressas em diversas antologias literárias e, em 2014, publiquei *Coroações - Aurora de poemas,* meu primeiro livro autoral. Em 2019 realizei a organização e a editoração do livro Narrativas Pretas, do Sarau das Pretas, em parceria com Elizandra Souza. Parceria que se firma na organização e editoração de Orikis (2022).

Atuar na produção artística do Sarau das Pretas me permite explorar e aprimorar a minha relação com a palavra enquanto expressão artística, seja na música, na escrita e na dramaturgia. Esses processos de vivências criativas e artísticas fez com que eu me reconhecesse como uma Artista da Palavra. Assim, sigo semeando a palavra enquanto arte, luta e alimento.

Elizandra Souza

Sou Elizandra Souza, tenho 39 anos, filha do casal de baianos Amélia e Felício, irmã de Elisângela e Elidivânia, tia de Andwele. Nasci na periferia da zona sul de São Paulo em 1983, mudei aos dois de idade para a cidade de Nova Soure no interior da Bahia no qual passei toda a infância e início da adolescência. Retornei à cidade de São Paulo há 25 anos (1996). Atualmente moro na região da Liberdade.

Sou escritora, poeta, ativista cultural há 21 anos, educadora. Sou jornalista formada pela Universidade Presbiteriana Mackenzie pelo Prouni contemplada por cotas raciais.

Sou iniciada no candomblé da *Nação Ketu, filha de Sangô e Oyá, Ekedji de Logun Yede do Babalorixá Rogério Farias, do Ile Àsé Ofa Omodeym.*

Minha história é construída com muitos renascimentos, conhecer a Cultura Hip Hop em 1996, quando retornei a São Paulo foi um deles. Foi quando eu potencializei e descobri que sou uma excelente leitora, eu amo livros, por muito tempo na minha casa não tinha livros. Comecei a ler muito cedo para fugir dos afazeres domésticos, era a única coisa que a minha mãe respeitava. Depois passei a pegar livros emprestados nas bibliotecas públicas. Só consegui adquirir livros após a publicação do meu primeiro livro *Punga* co-autoria Akins Kintê, publicado pela Edições Toró em 2007. Também sou apaixonada por escrita e em 2001 eu passei a unir minhas descobertas criando o *Fanzine Mjiba*, no qual eu intitulei como imprensa alternativa e ensaiando as minhas primeiras poesias. Com o passar do tempo eu entendi que viveria da escrita e escreveria para viver.

Minhas primeiras referências são os homens negros do Hip

Hop como Racionais MC's. Depois conheci a literatura negra escrita em Cadernos Negros, a literatura periférica e as literaturas africanas e das diásporas...

Tive a necessidade de trabalhar coletivamente com mulheres negras, venho compreendendo que a mulher negra tem a luta mais injusta e solitária, é uma escolha política trabalhar com mulheres negras e esse trabalho com o Sarau das Pretas me emociona por isso, pelo potencial de transformação que acontece a cada edição de sarau...

Jô Freitas

Sou atriz, poeta e escritora adotada por São Paulo há 27 anos. Idealizadora do *Sarau Pretas Peri* e integrante do *Sarau das Pretas,* atuo como atriz há cerca de 15 anos e como poeta há cerca de 10 anos.

Há 5 anos estudo a palavra e o corpo como potência, focando minha pesquisa de vida na *Cenopoesia,* gênero artístico que descobri com Ray lima e Junio Santos, o qual torna a escrita um território de criação com o corpo e a performance.

Já viajei para alguns países com o meu trabalho, como Equador e Peru, nos quais desenvolvi o projeto *Mulheres em travessia* com o objetivo de construir poemas a partir das histórias de mulheres locais. Recentemente fui para o festival *Poetas D'alma em Moçambique/África.* Em minha trajetória participei em mais de 15 peças teatrais, 5 curtas metragens e um longa-metragem ganhador de diversos prêmios. Atualmente circulo com o meu novo espetáculo litero-musical *Poéticas do Bonfim,* onde brinco com a cultura baiana em prosa-poética-nordestina. Também ministro a oficina Cenopoesia- Escrita Poética.

A necessidade de escrever veio com meu mestre inspirador Daniel Marques. Como assim ser poeta? Ser escritora, em família *pé-de-barro*? Isso estava longe de ser um desejo, aprendi a sentir o mundo com os pés descalços e brincar com as palavras feito *poeira de arrasta pé,* nesse tempo comecei com o *Sarau o que dizem os umbigos,* em 2009. É uma década desenhando meus sentimentos nos versos da rua.

O que eu considero importante para a minha trajetória enquanto mulher negra é que continuo me vingando dos patrões da minha mãe e demiti o meu faz 5 anos. Se tirarem a literatura de mim não resta absolutamente nada. A mulher negra é um território que, só nós enquanto mulheres negras, podemos desbravar. Nosso corpo é um continente por causa de nossa origem desterrada e tão judiada, nesse continente habitam várias de nós.

Carrego esperança de tempos melhores, seios pontudos e gritos escondidos no peito do pé.

Taisson Ziggy

Sou Taisson Ziggy, conhecido como Tato Silva no mundo trans(transgênero).Nasci no dia 24 de novembro de 1995, na cidade de Lorena interior de São Paulo, no Vale do Paraíba. Sou filho de Marissol,irmão mais velho de Ananda e Wilder e tio de Kauã (filho de Ananda) e sou pai de Manuela. Neto de Dona Bina, mais conhecida como Tia Dita do Samba da Vela, já falecida. Sou a quarta geração jongueira do Jongo de Piquete e Embu das Artes. Aos 20 anos, tive vontade de voltar a São Paulo para realizar meus sonhos de ter uma vida melhor, de conhecer pessoas que me reconhecessem pelo que eu adorava fazer, que é cantar. Há 5 anos estou em São Paulo, já morei em muitos bairros e atualmente estou no Capão Redondo na zona sul. Em três meses consegui meu primeiro trabalho. Logo em seguida o contato com a música, entre coletivos que eu ainda não conhecia na capital. Fui convidado ser *percussionista oficial do Sarau das Pretas,* no qual sou residente, trabalho na produção musical do coletivo e estamos juntes há 5 anos. Atualmente ministro oficinas de jongo e oralidade, participo de mesas de debates, já fui jurado em um *Festival de MPB,* já ganhei o prêmio *Antoniêta de Barros* em 2016. Sigo vivendo o meu sonho que é viver da música, me sinto realizado, quero continuar levando a minha cultura jongueira e mantendo a tradição de não deixar o jongo morrer. Descobri já crescidinho que gostava de escrever. Nunca fui bom com os livros, mas a música estava em mim desde criança, a minha vó era cantora, escritora, compositora, quando ela partiu me deixou esse legado. A partir daí comecei a compor e com o *Sarau das Pretas* fiz essa junção trazendo ritmos e melodias nas escritas das demais integrantes, fazemos uma boa relação entre a poesia e o tambor. Tendo tudo isso em mente, sempre procuro agradecer meus mais velhos, minha relação com a música partiu deles e principalmente de minha Vó Dita. Tenho em mim o toque dos tambores, minhas mãos são calejadas pela africanidade que transbordam do couro. E compor esse livro, junto ao Sarau das Pretas, e me lembrar de que "As mulheres ainda dominaram o mundo".

Esta obra foi composta em Arno pro light 13, e impressa na RENOVAGRAF em fevereiro de 2023, em São Paulo, para a Editora Malê.